Cerddi'r Plant
DETHOLIAD

Cerddi'r Plant

DETHOLIAD

E. LLWYD WILLIAMS

A

WALDO WILLIAMS

Y DARLUNIAU GAN D. J. MORRIS

Cyhoeddwyd y detholiad penodol hwn gyntaf yn 2019
gan Wasg Gomer, Heol Awst, Caerfyrddin SA31 3AL

Cyhoeddwyd y gyfrol *Cerddi'r Plant* gyntaf yn 1936
gan Wasg Aberystwyth
ac yn 1970 gan Wasg Gomer
Ailargraffwyd yn 1976
Cyhoeddwyd *Byd yr Aderyn Bach* gyntaf yn *Dail Pren* yn 1956

ISBN 978 1 78562 291 5

Hawlfraint y cerddi: Eluned Richards ac ystad Nest Williams ©
Hawlfraint y rhagymadrodd: Mererid Hopwood ©
Hawlfraint y nodiadau bywgraffiadol: Eirwyn George ©
Hawlfraint bywgraffiad David Morris: Graham Willey ©
Hawlfraint y lluniau: D. J. Morris ©

Cedwir pob hawl. Ni chaniateir atgynhyrchu unrhyw ran
o'r cyhoeddiad hwn, na'i gadw mewn cyfundrefn adferadwy,
na'i drosglwyddo mewn unrhyw ddull na thrwy unrhyw gyfrwng,
electronig, electrostatig, tâp magnetig, mecanyddol, ffotogopïo,
recordio, nac fel arall, heb ganiatâd ymlaen llaw gan y cyhoeddwyr.

Cyhoeddwyd gyda chymorth ariannol Cyngor Llyfrau Cymru.

Argraffwyd a rhwymwyd yng Nghymru
gan Wasg Gomer, Llandysul, Ceredigion SA44 4JL

Cyflwynir i holl blant Cymru

Mae'r gyfrol hon yn eiddo i

....

RHAGYMADRODD

Annwyl Blant,

Tybed pwy y'ch chi? Dydy rhai ohonoch chi, falle, ddim eto'n gallu darllen ar eich pennau eich hunain. Rhywun arall sy'n darllen y geiriau hyn wrth i chi wrando ac edrych ar batrymau bach du a gwyn y llythrennau. Ymhen tudalen neu ddwy cewch fwynhau lluniau D. J. Morris sy'n addurno'r llyfr. A dim ond i chi gau eich llygaid, bydd geiriau'r ddau fardd, y ddau Williams, Llwyd a Waldo, yn creu lluniau mwy rhyfeddol fyth yn eich dychymyg.

Ond falle eich bod chi'n blant mawr neu'n rhai hen iawn, iawn ac wedi darllen y cerddi hyn droeon o'r blaen.

Wn i ddim. Ond mi wn i un peth yn sicr sef fy mod i'n gobeithio y bydd y detholiad hwn o *Cerddi'r Plant* yn dod ag oriau o bleser i chi i gyd. Wedi'r cyfan, os yw cerdd yn gerdd dda, mae'n gerdd dda i bawb o bob oed ac ym mhob amser.

Os ydych chi'n darllen yr argraffiad hwn ym mlwyddyn ei gyhoeddi, 2019, a'ch bod chi'n bedwar ugain a thair mlwydd oed (83!), yna rydych chi'r un oed â'r gyfrol ei hunan. Oherwydd 'nôl yn 1935, roedd E. Llwyd Williams wedi cyflwyno swp o gerddi i Wasg Aberystwyth, a Prosser Rhys, pennaeth y wasg, yn awgrymu bod angen rhagor cyn gallu cyhoeddi. Dyma Llwyd felly'n troi at ei gyfaill da, Waldo Williams, i ofyn am help, ac yntau'n cytuno llunio ugain cerdd cyn diwedd y flwyddyn. Aeth y misoedd heibio, fodd bynnag, a dim un gerdd yn dod gan Waldo. Chi'n gweld, yn groes i gred nifer, dydy hi ddim yn haws llunio cerddi i blant nag i unrhyw un arall. Yna, o'r diwedd, ychydig cyn Nadolig 1935, daeth ugain cerdd mewn deng niwrnod! Ac wele'r gyfrol yn gweld golau dydd ym mis Chwefror 1936. Roedd hi'n werth aros amdani. Cawn ein harwain gan y ddau ffrind i bob math o gyfeiriadau, o fyd y gwynt a'r glaw a'r blodau a'r anifeiliaid i fyd pobl, ac o gefn gwlad i'r dref.

Er bod y cerddi'n ymddangos yn syml, peidiwch â gadael i hyn eich twyllo i frysio drwyddynt yn ddifeddwl. Oedwch bob hyn a hyn i ystyried yr hyn sy' rhwng y llinellau. Cewch weld sut mae'r beirdd yn ein dysgu ni am gydweithio a chydchwarae, a sut nad yw'r brenin yn ei balas iot yn bwysicach na'r llygoden yn y llafur.

Ac os ydych chi'n dod at ambell air dryslyd – 'shilicabwd' falle, neu 'feidir' – beth am daro golwg yn y cefn? Mae Llwyd a Waldo wedi gofalu rhoi rhestr eirfa i'n helpu ni.

Wrth fyseddu drwy'r llyfr, cofiwch ddweud y cerddi'n uchel a mwynhau sain y mesurau a'r odlau, heb sôn am onomatopeia fel 'pitran-patran' a 'twc-twc'. Bydd ambell linell o gynghanedd yn taro eich clust chi hefyd, ac mae'r rheiny'n arbennig o swynol; gwrandewch ar symudiad y llong o gymylau: 'mor dawel y mordwyai'. On'd yw e'n hyfryd?

Mae'r cwbl hyn yn gwneud y cerddi'n rhai hawdd i'w dysgu.

Tybed pa un y byddwch chi'n ei rhoi'n gyntaf ar gof a chadw?

Mererid Hopwood
Caerfyrddin, 2019

CYNNWYS

Rhagymadrodd	vii
Diolchiadau	x
Y Morgrugyn	1
Y Babi	2
Y Cymylau	4
Glaw	5
Gweithio	6
Y Ddafad Ddu	7
Chwarae	8
Awr y Plant	9
Y Llusern Hud	10
Y Byd Mawr	12
Y Trên	13
Y Bws	14
Motor Newydd	15
Yr Eco	16
Cwac-cwac	17
Enwau	18
Clychau Glas	20
Clatsh y Cŵn	22
Clwc-clwc	24
Blodyn a Ffrwyth	25
Yr Hen Gath Fach	26
Galw'r Gwartheg	28
Y Corgi	29
Pyslo	30
Pwllcam	32
Y Gaseg Wen	33
Pitran-patran	34
Y Gwynt	36
Byd yr Aderyn Bach	38
Geirfa	41
Nodiadau Bywgraffiadol	43

DIOLCHIADAU

Diolch i bawb sydd wedi rhoi o'u hamser i gyfrannu at yr argraffiad newydd o'r llyfr hwn, yn arbennig i Eirwyn George, Mererid Hopwood a Graham Willey, hefyd i Emyr ac Eiris Llywelyn, Alun Ifans ac Anna Williams. Diolch i aelodau teuluoedd Waldo Williams, Llwyd Williams a David Morris am eu cydweithrediad parod, ac yn olaf, diolch i Gomer am argraffu'r gwaith yn raenus ac yn gymen.

Eirian Wyn Lewis
Cadeirydd Cymdeithas Waldo Williams
Mynachlog-ddu, 2019

Y MORGRUGYN

Ble wyt ti'n mynd, forgrugyn,
Yn unig, yn unig dy fryd?
Gwelais dy ffrindiau wrth fwlch y waun
Yn gwau trwy'i gilydd i gyd.
Cannoedd ohonyn nhw!
Miloedd ohonyn nhw
Yn gwau trwy'i gilydd i gyd.

Wyt ti ar goll, forgrugyn,
Ymhell o dy gartref clyd?
Gaf fi fynd lawr â thi i fwlch y waun
I ganol dy ffrindiau i gyd?
Cannoedd ohonyn nhw!
Miloedd ohonyn nhw
Yn gwau trwy'i gilydd i gyd.

W. W.

Y BABI

Mae potel y babi
Yn ddwy ar y llawr,
A dyna yw hobi
Ein babi ni nawr.

Un drwg yw bob amser
I bawb ond ei fam;
Yn wir, mae ei bleser
I minnau yn gam.

Y babi a'i hobi
Yw popeth tŷ ni;
O, pryd daw y babi
Yn debyg i fi?

E. Ll. W.

Y CYMYLAU

A welsoch chi'r cymylau
Sy' fry uwchben y rhos?
Rwy'n caru eu gweld trwy'r ffenest fach
Cyn mynd i gysgu'r nos.

Mi welais un yn hwylio
Fel llong ar wyneb lli,
Ac O, roedd llenni o bob lliw
Yn hwyliau arni hi.

Mor dawel y mordwyai
I borth dan fynydd ban ...
Yn araf troes yn gastell gwych
A safodd ar y lan.

Malurio roedd y castell
Pan gododd niwl y nos ...
A welsoch chi'r cymylau mawr
Sy' fry uwchben y rhos?

W. W.

GLAW

Glaw! Glaw! Glaw!
Baw! Baw! Baw!
Diferion diderfyn yn disgyn o hyd
A'r awyr uwchben yn gwmwl i gyd.
Mae henwr y ffordd yn glyd yn ei sach,
A minnau yn gaeth yn y ffenestr fach.

Baw! Baw! Baw!
Glaw! Glaw! Glaw!
Afonydd bach newydd ar hyd yr ardd
A'r ddaear yn llawn o lynnoedd hardd.
O rhowch imi sach, a rhowch imi raw,
Gadewch imi fyned i rofio'r baw.

E. Ll. W.

GWEITHIO

Rhaid imi gwpla chwarae
Â Deio bach a Mair,
I arwain pen y ceffyl glas
Pan ddaw'r cynhaeaf gwair.

Mae hwnnw'n ddigon llonydd,
Rwyf finnau bron yn saith;
O! fel rwy'n meddwl am yr haf
I ddechrau ar fy ngwaith.

Bydd Twm a Dadi'n pitsio,
A Wil yn llwytho fry,
A finnau'n gweiddi, 'Wo, Hol' ffas',
Nes clywo Mam o'r tŷ.

Daw Mam â'r stên a'r fasged
A'r lliain dros y lle;
'Arhoswch, Mair a Deio bach,
I'r gweithwyr gael eu te.'

W. W.

Y DDAFAD DDU

Mae gennyf ddafad ddu,
Dafad ddu fel y frân,
Yn pori yn y glaw
Heb newid lliw ei gwlân.

Bydd cyfarth cŵn fy nhad
Yn cyffro'r praidd o hyd,
Ond saif y ddafad ddu
O flaen y cŵn i gyd.

Mi fyddaf wrth fy modd
Pan fydd fy nafad i
Yn crafu'r llawr â'i throed
Cyn troi i dopi'r ci.

Hi bia'r oen sy' nawr
Yn prancio wrth y llyn,
A dyna oen bach od –
Mae'n tyfu'n ddu a gwyn.

E. Ll. W.

CHWARAE

Pan fydd yr haul yn twynnu
A'r gwynt heb chwythu'n gry',
Â Mair a fi a Deio bach
I'r cae i chwarae tŷ.

Mae'r waliau'n rhes o gerrig,
Mae'r llestri ar y seld;
Bydd Mair yn feistres trwy'r prynhawn,
A ninnau'n dod i'w gweld.

Os daw ymlaen yn gawod,
A ninnau'n yfed te,
Rhaid rhedeg mewn i'r storws fach
A chwarae mynd i'r dre.

Hen sach o flawd yw'r ceffyl,
Fe fyddwn yno chwap.
Bydd Mair yn gofyn, 'Siawns am lifft?'
Cyn dringo lan i'r trap.

W. W.

AWR Y PLANT

O Mam, dewch ar unwaith
I glywed y sŵn;
Gwrandewch ar holl leisiau
Y cathod a'r cŵn.

Pwy sy'n adrodd stori
I ninnau'r plant?
Ai rhywun o'r pentref
Neu rywun o bant?

Pwy yw'r ferch sy'n gofyn
A ydwyf yn iach?
Ai'r un sy'n dywedyd
'Nos da, blantos bach'?

Mam, codwch fi'n uchel,
Mi garwn eu gweld;
O dewch ac agorwch
Y bocs ar y seld.

E. Ll. W.

Y LLUSERN HUD

Gadewch inni chwarae 'Llusern Hud',
Rho'r gannwyll i Deio i'w dala,
Pletha dy ddau fys bawd ynghyd
A dyna lun pilipala.

Dyma ben camel, a sut mae gwneud gŵydd?
Rhywbeth fel hyn – ga' i dreio?
Rhywbeth fel hyn – ddaw hi ddim yn rhwydd,
Paid symud y gannwyll, Deio.

O, mae'r ŵydd yn rhy galed i fi,
Ond dyma lun Preseli.
'Olreit,' meddai Mam, 'dyna ddigon o sbri,
Sut mae llun y gwely?'

W. W.

Y BYD MAWR

Pan ddaw 'y Nwncwl Ifan am dro o'r pyllau glo,
A geiriau od fel 'cwnni', 'bachan glên', a 'sbo';
Bydd e a Dadi'n siarad, a phobun yn dweud 'i siâr
Am Dreorcitonypandyaberdâr.

Rwy'n hoffi eiste'n dawel a gwrando ar ei sgwrs,
Dwi ddim yn deall popeth sy' gydag e, wrth gwrs,
Ond af i'r gweithiau rywbryd er mwyn cael gweld
    ble ma'r
Hen Dreorcitonypandyaberdâr.

W. W.

Y TRÊN

Pwff-pwff! Twc-twc!
Ymlaen, ymlaen o gam i gam,
Ymhell o olwg 'nhad a mam.

Twc-twc! Clang-clang!
Gyrru ar garlam dros y ddôl
A'r mwg i gyd yn rhedeg 'nôl.

Pwff-pwff! Pwff-pwff!
Twc-twc! Clang-clang!
Pentref a thref a thai a thir
A chloddiau'r wlad yn llinell hir;
Croesffordd a phont a ffin a phlwy,
A fydd y trên yn aros mwy?

E. Ll. W.

Y BWS

Rwy'n hoffi teithio yn y bws,
Rwy'n hoffi'r paratoi a'r ffws,
A cherdded lan hyd siop y go'
A disgwyl iddo rowndo'r tro,
A dringo'r grisiau hanner llath
I ganol dynion o bob math.

Mae ambell un â'i wallt yn wyn,
Mae ambell wraig yn dal yn dynn
Wrth fasged, ac mae ambell un
Yn magu babi ar ei glin.
Mae'r plant sy'n dod o'r ysgol fawr
Yn gorfod eistedd ar y llawr.

Rwy'n hoffi gweld y caeau gwyrdd,
A'r tai a'r cloddiau hyd y ffyrdd,
A'r hewlwr yn y clais gerllaw
Yn pwyso dro ar ben ei raw.
Mae Mam yn achwyn ar y ffws,
Ond O, rwy'n hoffi byd y bws.

W. W.

MOTOR NEWYDD

Mae gennyf fotor newydd sbon,
Un coch, coch i gyd;
Cefais ef gan Wncwl John
I fynd rownd y byd.

R-r-rt! R-r-rt! Wel, be' sy'n bod?
Dere di'r hen gi,
Mae'r gath o hyd yn gwrthod dod
Yn fy motor i.

R-r-rt! R-r-rt! Y mae'r ffordd yn glir
Heibio'r tŷ a'r tro ...
R-r-rt! R-r-rt! Dyna guddio tir!
Welsoch chi fi ... do?

E. Ll. W.

YR ECO

Pwy sy'n byw yng ngwâl Tŷ'r Yw?
Dyna weiddwr yw e. Clyw!

A-ha! ... 'ha'. A-ha! ... 'ha'.
On'd yw'n gallu gweiddi'n dda?

E-he! ...'he'. E-he! ...'he'.
Rhaid mai un fel fi yw e.

O-ho! ... 'ho'. O-ho! ...'ho'.
Mae e'n barod iawn bob tro.

W-hw! ... 'hw'. W-hw! ... 'hw'.
Dim ond eco, medden nhw.

Pwy sydd well o chwilio'i gell?
Nid yw'n ateb ond o bell.

W. W.

CWAC-CWAC

Cwac-cwac.
Hen hwyaden yn nofio'r llyn
Yn arwain chwech o hwyaid gwyn.

Cwac-cwac.
Hen hwyaden â'i phen i lawr
Yn chwilio am abwydyn mawr.

Cwac-cwac.
Chwe hwyaden yn crychu'r lli
Wrth nofio'n gylch o'i hamgylch hi.

Cwac-cwac.
Saith hwyaden â sŵn di-daw
Yn troi o'r dŵr i chwilio'r baw.

Cwac-cwac.
Y ci a'r hwch a'r ieir yn syn,
A dim un wy ar lan y llyn.

E. Ll. W.

ENWAU

Pryd mae'r gwcw'n gwisgo'i sgidie-a-sane?
Pryd mae'r brain yn gwisgo'u bacse glas?
A sut mae'r blodyn neidir
Fyny fry ar glawdd y feidir
Yn perthyn i sut hen greadur cas?

Sut mae Mair â chymaint o friallu?
Ydy'r cŵn yn clatsho'u bysedd i wneud stŵr?
Ydy'r moch yn bwyta'u crafol?
A oes rhywun â'r dail tafol
Yn pwyso pethau weithiau i'r hen ŵr?

Dywedwch ydy'r nyddwr weithiau'n nyddu?
Ac wedi iddo nyddu, pwy sy'n gweu?
Welais i mo teiliwr Llunden
Yn gwneud siwt erioed i undyn,
Ond cofiwch, falle'i fod e ar y slei.

Pam na fentra'r gwyddau bach i'r afon?
Rhag ofn hen was y neidir, falle'n wir.
Fe ddylai'r brenin brale
Dalu milwyr am ei ddal e –
Mae digon o ddail ceiniog yn ei dir.

Pryd mae Jac y rhaca'n cael ei wair mewn?
'Thâl hi ddim i'w adael nes bo'n llwyd.
Anodd lladd â'r ddalen gryman
Ond bydd gwas y gwcw yma'n
Helpu cywain, a daw'r llyffant mas â'r bwyd.

W. W.

CLYCHAU GLAS

Ddoi di heibio'r afon, Gwen?
Paid sôn am flodau'r plas!
Tyrd am dro i'r goedwig draw
I gasglu clychau glas.

Tyrd i weld yr afon fach
Lle gwlychais i fy nhroed,
Pysgod swil, cwningod byw,
A gwiwer yn y coed.

Rho dy law i minnau, Gwen,
Paid edrych ar y dŵr:
Plyg dy ben dan bigau'r drain
A phaid â chadw stŵr.

Blodau'r brain sy'n cuddio'r lle;
Wel, wfft i flodau'r plas!
Pwy fu yma'n paentio'r rhain –
Y miloedd clychau glas?

E. Ll. W.

CLATSH Y CŴN

Mor falch y safai ar y clawdd
Hir brynhawn o haf,
Res o fysedd cochion
Hyd y bonyn braf.
'Ca' i ddangos,' meddai Deio,
'Fel mae nhw'n cadw sŵn.'
Clatsh, clatsh, clatsh, clatsh,
Clatsh y cŵn.

'O mae'n drueni,' meddai Mair,
'Noethi'r bonyn braf.
Gad i'r bysedd cochion
Hongian trwy yr haf.'
Ond doedd Deio ddim yn gwrando,
Dim yn gwrando ar un sŵn
Ond clatsh, clatsh, clatsh,
Clatsh y cŵn.

W. W.

CLWC-CLWC

Clwc-clwc.
Iâr ddu a gwyn o Ryd-y-fro
A deg cyw bach yn mynd am dro.

Clwc-clwc.
Deg cyw bach yn ymyl y glwyd
A'r iâr yn rhannu reis yn fwyd.

Clwc-clwc.
Deg cyw bach yn dilyn y fam
A gair am air o gam i gam.

Clwc-clwc.
Curyll yn hofran uwch y llwyn
A'r iâr yn galw yn y brwyn.

Clwc-clwc.
Y deg cyw bach, rhai gwyn a du
O'r golwg yn eu gwely plu.

E. Ll. W.

BLODYN A FFRWYTH

Gwelais rosyn ar y drysi,
Gwelais flodau gwyn y drain,
Gwelais flodau aur yn rhesi
Dan ganghennau'r onnen Sbaen.
Blodau'r eithin mân, fe'u gwelais,
Gwelais flodau prydferth lu;
Ond ni welais
Ail i flodau'r pren afalau wrth y tŷ.

Profais eirin pêr ac orain,
Profais y syfien goch,
Profais rawnwin du o'r dwyrain,
A'r geiriosen lân ei boch.
Mwyar duon, llus, fe'u profais,
Profais ffrwythau melys lu;
Ond ni phrofais
Ail i'r afal ar y pren ar bwys y tŷ.

W. W.

YR HEN GATH FACH

Mae'r hen gath fach wedi dyfod yn ôl;
Miaw! Dere di.
Pa beth oedd yn bod ar aelwyd Tre'r Ddôl?
A oedd yno gi?

O dywed dy stori yn awr, pws fach,
A gefaist ti gam,
Wedi dy gario am filltir mewn sach
O aelwyd dy fam?

A gefaist ti ofn hen feistr cas?
Miaw! Do fe'n wir?
Tyrd, cymer beth llaeth o'r hen soser las –
Cei ragor cyn hir.

Aros di yma i helpu dy fam,
Mae'n hen, cofia di!
Ac ambell lygoden ddistaw ei cham
Yn ei phasio hi.

Miaw! Cei, cei noethi dy ddannedd rhwth
Ar y lleidr rhwym,
A throi o'r wledd i ganu dy grwth
Ar y pentan twym.

E. Ll. W.

GALW'R GWARTHEG

Mae'n bryd mynd ar ôl y gwartheg,
Dewch i lawr hyd iet y ddôl,
Dacw hwy yn araf bori,
Does dim eisiau Bob i'w hôl.
Blodwen, Seren, Brithen, Cochen,
Pol a Pat, ble bynnag boch,
Nansi, Pegi, dere Llwyden,
Dere Llwyden,
Rhosen a'r Bengwndwn goch.

Dyma ni ar hyd y feidir,
Dyma ni o dan y llwyn,
Dyma ni wrth ddrws y glowty,
Dewch i'ch corau, wartheg mwyn.
Blodwen, Seren, Brithen, Cochen,
Pol a Pat, ble bynnag boch,
Nansi, Pegi, dere Llwyden,
Dere Llwyden,
Rhosen a'r Bengwndwn goch.

W. W.

Y CORGI

Dere di, y corgi tirion,
Hir dy gorff a byr dy goes;
Ti gei fod i mi'n gydymaith
Am dy oes.

Mae fy enw ar dy goler,
Coler lledr, cred di fi.
Enw pwy sydd ar fy nghalon,
Wyddost ti?

Gwn fod rhai'n dy alw'n llwynog;
Paid â gwrando arnynt hwy.
Os gwnei gyfarth, os gwnei ganlyn,
Ni chei glwy'.

Dos i alw'r gwartheg adref
O'u breuddwydion yn y cwm;
Dos y sodlwr, amser godro
Yw hi, Twm.

E. Ll. W.

PYSLO

Pyslo'r wyf wrth weld y bwa,
Ai'r un un a welodd Noa?
O ble daeth, yn hardd ei olwg?
Ble mae'n mynd wrth fynd o'r golwg?

Pyslo'r wyf wrth weld y llanw,
A oes llawer o'r un enw?
Pwy all ddweud heb fynd i chwilio
Ble mae'n gorwedd ar ôl cilio?

Pyslo'r wyf wrth weld y gofer
Yn mynd heibio yn ei gyfer,
Dŵr yn newid bob munudyn –
Ai'r un gofer yw ef wedyn?

W. W.

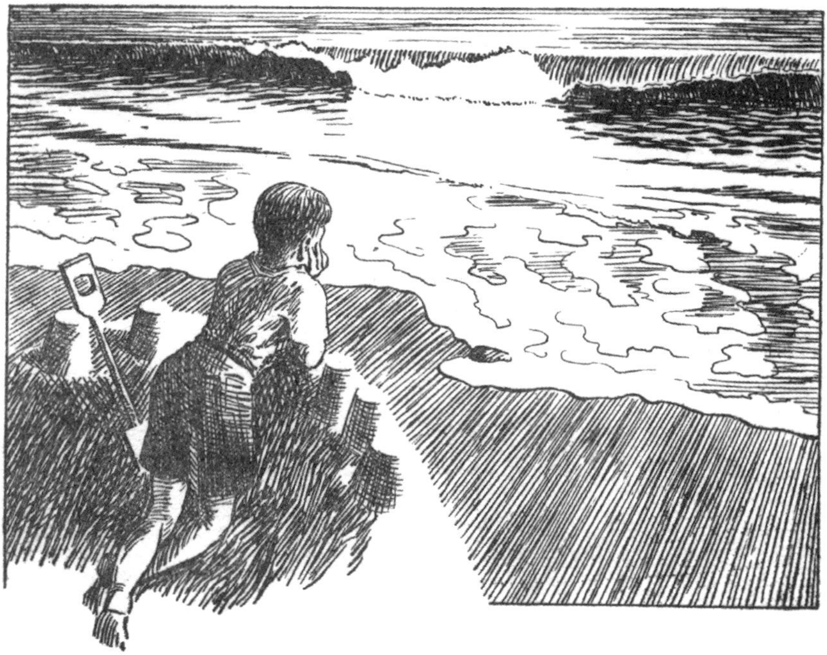

PWLLCAM

Rhy bell yw traeth Ceinewydd,
Y Barri a Phorthcawl;
Rhaid goddef gwawd y tywydd
Heb arian a heb hawl.

Mae'r môr ar dywod Wdig,
Y Gwbert a Phendein,
A Thenbi'n fendigedig
I bawb ar ddiwrnod ffein.

Mae'r môr o amgylch Penfro,
Ac O, na ddeuai'n nes
I olchi erwau'r henfro
Sy'n gwywo yn y gwres.

Rhy bell yw'r môr a'i donnau,
Er hynny, af ar lam
I'r afon sydd â'i glannau
Yn cronni dŵr Pwllcam.

E. Ll. W.

Y GASEG WEN

Rhowch imi ychydig o geirch
O ganol cist dderw y meirch;
Mae'r hen gaseg wen
Yn hongian ei phen
Mor unig mewn gofid a galar,
Heb gnoi yr un gweiryn o'r dalar.

Mae'n deilwng o ddyrnaid o flawd
Cyn gorwedd i orffen ei rhawd;
Rhy hen yw hi nawr
I stabal Tymawr;
Ond mwy yw ei gwerth heb ei gwerthu
Ac ofer i'r porthmon drafferthu.

Bu hithau'n y wedd, mi a'i gwn,
A chadwodd hi'r gŵys yn y grwn;
Bydd cwysi y tir
Amdani cyn hir,
A chaseg wen arall garedig
Mor debyg i'w mam yn aredig.

E. Ll. W.

PITRAN-PATRAN

Rwy'n gorwedd yn y gwely
A chwsg ymhell ar ffo.
Rwy'n clywed y glaw yn pitran-patran
Ar hyd y to.

Rwy'n caru meddwl heno
Fod pobun hyd y fro
Yn clywed y glaw yn pitran-patran
Ar hyd y to.

Mae'r brenin yn ei balas
Ac ym Mhenllwyn mae Jo
Yn clywed y glaw yn pitran-patran
Ar hyd y to.

Mae merched bach y sipswn
Sy'n aros ar y tro
Yn clywed y glaw yn pitran-patran
Ar hyd y to.

Mae Darbi yn y stabal
A'r pedair buwch a'r llo
Yn clywed y glaw yn pitran-patran
Ar hyd y to.

Mae Carlo yn ei genel,
A'r hwyaid bach dan glo
Yn clywed y glaw yn pitran-patran
Ar hyd y to.

Mae'r llygod yn y llafur –
Pob peth ble bynnag bo
Yn clywed y glaw yn pitran-patran
Ar hyd y to.

Clywed y glaw yn pitran-patran
Wna pobun trwy y fro,
Pitran-patran, pitran-patran,
Y glaw yn pitran-patran 'to.

W. W.

Y GWYNT

Clywais ei ru
Yn y simne'n y nos,
Clywais ei su
Yn y brwyn ar y rhos;
Clywais ei sgrech
Yn yr eithin mân,
Ni chlywais ei drech
Am chwibanu cân.

Beichio wna'r fuwch
A brefu wna'r llo,
A'r ceffyl fe'i clywch
Yn gweryru ar dro;
Mewial wna'r gath
A chyfarth wna'r ci,
Mae i'r gwyntoedd bob math
O leisiau di-ri.

Mae miloedd rwy'n siwr
Ohonynt i gyd,
A'u Meistr a'u gyr
I bedwar ban byd.
Ânt wrth ei gais
Dônt yn ôl tua thre,
Mae pobun â'i lais
Ac mae pobun â'i le.

W. W.

BYD YR ADERYN BACH

Pa eisiau dim hapusach
Na byd yr aderyn bach?
Byd o hedfan a chanu
A hwylio toc i gael tŷ.
Gosod y tŷ ar gesail
Heb do ond wyneb y dail.
Wyau'n dlws yn y mwswm,
Wyau dryw yn llond y rhwm.
Torri'r plisg, daw twrw'r plant –
Does obaith y daw seibiant.
Cegau'n rhwth, a'r cig yn rhad.
'Oes mwydon?' yw llais mudiad.
'Sdim cyw cu ar du daear
Tra bo saig un tro heb siâr.
Pawb wrth eu bodd mewn pabell
Is y gwŷdd, oes eisiau gwell?
A hefyd, wedi tyfu,
Hwyl y plant o gael eu plu.

Codi, yntê, y bore bach
Am y cyntaf, dim cintach.
Golchi bryst, does dim clustiau,
Côt, heb fotymau i'w cau,
Na dwy esgid i wasgu.
Ysgol? Oes, a dysg i lu.
Dasg hudfawr, dysgu hedfan
A mab a merch ym mhob man.
Dysgu cân, nid piano,
Dim iws dweud 'do mi so do'.
I'r gwely wedi'r golau,
Gwasgu'n glòs i gysgu'n glau.
Pa eisiau dim hapusach
Na byd yr aderyn bach?

W. W.

GEIRFA

Abwydyn	Pryf
Bacse'r brain	Traed y Brain, Clychau Glas, Clychau'r Gog
Blodyn neidir	Tybir mewn llawer ardal fod neidr yn y clawdd lle tyf y campion coch
Brenin brale	Blodyn â phetalau carpiog yn tyfu mewn lle llaith
Bwyd y llyffant	Tyfiant ar lun ambrelo
Ceinach	Ysgyfarnog
Crafol	Criafol: ffrwyth y ddraenen wen
Clatsh y cŵn	*Foxglove*, Bysedd y Cŵn
Dail ceiniog	Dail trwchus suddog ar lun ceiniog
Dalen gryman	Deilen ar lun cryman ac iddi wythiennau amlwg
Dail tafol	Y dail mawr a ddefnyddir i atal llosg danadl
Esgyll	Adenydd
Feidir	Lôn gul
Galw'r Gwartheg	Efelychiad o gerdd adnabyddus gan y bardd Fictoraidd Jean Inglelow
Gofer	Gorlifiad ffynnon
(Y) Gotiar	Yr iâr ddŵr
Gwas y gwcw	Gwelir dau o'r adar yma yn dilyn y gog weithiau
Gwas y neidir	Trychfil hedegog du a melyn

Gwyddau bach	Blodau'r helygen
Hen ŵr	Shilicabwd, medd rhai. Llysieuyn blewog yr olwg
Jac y rhaca	Aderyn yn byw mewn caeau gwair ac yn gwneuthur sŵn yn debyg i'w enw
Llafur	Ŷd
Nyddwr	Aderyn a glywir ar y rhosydd gyda'r nos
Onnen Sbaen	Y gadwyn aur
Pâm	Gwely o bridd
Pilipala	Glöyn byw neu iâr fach yr haf
Preseli	Mynyddoedd yn Sir Benfro
Rhyfon	Cyrains
Seld	Dresel
Sgidie a sane'r gwcw	Fioled fach y cloddiau
Syfien goch	Mefus y cloddiau
Teiliwr Llunden	Aderyn bach, *goldfinch*, y prydferthaf o deulu'r pincod

NODIADAU BYWGRAFFIADOL

WALDO WILLIAMS (1904–1971)

Ganed ef yn un o bump o blant i Edwal ac Angharad Williams yn nhre Hwlffordd. Saesneg oedd iaith yr aelwyd. Prifathro Ysgol Prendergast oedd y tad a phan oedd Waldo yn saith oed symudodd i fod yn brifathro ysgol wledig Mynachlog-ddu, a symud eto ymhen pedair blynedd i gymryd gofal ysgol gyfagos Brynconin. Ar ôl i'r teulu ymgartrefu yn ardal y Preseli y dysgodd Waldo siarad Cymraeg. Yn dilyn gyrfa ddisglair yn Ysgol Ramadeg Arberth, a graddio mewn Saesneg yn y Brifysgol yn Aberystwyth, dychwelodd i Sir Benfro i fod yn athro cyflenwi mewn nifer o ysgolion yn y de a'r gogledd fel ei gilydd. Daeth yn wrthwynebydd cydwybodol adeg yr Ail Ryfel Byd.

Prifathro dros dro yn Ysgol Cas-mael ydoedd pan briododd â Linda yn 1942. Cael trafferthion gyda'r Swyddfa Addysg ynglŷn â'i heddychiaeth oedd y rheswm iddo adael Sir Benfro i fod yn athro yn Ysgol Ramadeg Botwnnog yn Llŷn. Bu marw Linda yn fuan wedyn yn ergyd galed iddo. Symudodd eto, dros Glawdd Offa y tro hwn, i ddysgu yn Ysgol Uwchradd Kimbolton ac Ysgol Gynradd Lyneham.

Wedi chwe mlynedd yn Lloegr dychwelodd i Sir Benfro, yn ddarlithydd dan nawdd Adran Efrydiau Allanol y Brifysgol. Ymunodd â'r Crynwyr yn Aberdaugleddau. Cafodd ei garcharu ddwywaith am wrthod talu treth incwm fel protest yn erbyn gorfodaeth filwrol. Ef oedd ymgeisydd cyntaf Plaid

Cymru yn etholaeth Sir Benfro yn 1959. Dychwelodd at ei waith fel athro ysgol ym mlynyddoedd olaf ei oes. Bu farw yn 66 oed a'i gladdu ym medd y teulu ym mynwent Blaenconin.

Meddyliwn amdano'n bennaf fel un o'n beirdd disgleiriaf. Gwelir ffrwyth ei awen yn ei gyfrol *Dail Pren*, 1956, a hefyd yn *Waldo Williams: Cerddi 1922–1970* (golygyddion Alan Llwyd a Robert Rhys). Cyhoeddwyd casgliad o'i weithiau rhyddiaith hefyd wedi ei olygu gan Jason Walford Davies. Sefydlwyd Cymdeithas Waldo yn 2010.

Eirwyn George

E. LLWYD WILLIAMS (1906–1960)

Mab ffarm y Lan ar gyrion pentre Efail-wen oedd E. Llwyd Williams. Mynychodd Ysgol Brynconin (pan oedd Edwal, tad Waldo, yn brifathro yno) ac Ysgol Ramadeg Arberth. Bu'n brentis fferyllydd am gyfnod byr wedi gadael ysgol. Ymaelododd yn eglwys gyfagos Rhydwilym, dechrau pregethu ar y Sul, a throi at y weinidogaeth. Wedi cwblhau ei hyfforddiant yn y coleg ym Mangor derbyniodd alwad i fugeilio eglwys y Tabernacl, Maesteg, yn 1931, a symud i Ebeneser, Rhydaman, un o eglwysi cryfaf y Bedyddwyr, yn 1936. Priododd ag Eluned o bentre Maenclochog a ganed iddynt un ferch. Dechreuodd ymhel â'r awen yn ifanc. Roedd Waldo a W. R. Evans yn gyfeillion agos iddo. Arferent gystadlu yn erbyn ei gilydd yn yr eisteddfodau lleol a chyfarfod yn gyson i drafod a gwyntyllu eu hymdrechion.

Enillodd Llwyd y Gadair yn Eisteddfod Genedlaethol y Rhyl 1953 am ei awdl 'Y Ffordd', a chipio'r Goron yn Eisteddfod Genedlaethol Ystradgynlais y flwyddyn ddilynol am ei bryddest 'Y Bannau'. Enillodd yn y Genedlaethol hefyd ar yr englyn, cerdd dafodiaith a thelynegion, a bu'n aelod blaengar o dîm ymryson y beirdd Sir Gaerfyrddin. Ymhlith ei gyfrolau niferus y mae *Hen Ddwylo*, portread o rai o gymeriadau diddorol bro ei febyd (llyfr a aeth i bedwar argraffiad); *Tua'r Cyfnos*, nofel feiddgar yn dadlennu rhagrith y Gymru wledig adeg yr Ail Ryfel Byd; *Tir Hela*, casgliad o'i farddoniaeth; a'r ddwy gyfrol gynhwysfawr *Crwydro Sir Benfro*. Datblygodd i fod yn bregethwr nerthol a bu galw diddiwedd arno i wasanaethu mewn Cyrddau Mawr. Roedd ganddo lais pwerus a chyfareddol, a phregethai o'r frest bob amser hefyd. Bu farw yn sydyn wrth gerdded adref o'r oedfa un nos Sul ym mis Ionawr 1960, a charreg arw o dir ffarm y Lan sy'n nodi man ei gladdu ym mynwent Rhydwilym.

Eirwyn George

DAVID MORRIS

Un o blant Clunderwen oedd David Morris. Daeth yn olynydd i'w dad yn siop fferyllydd y pentre. Braidd yn dawel a dywedwst o ran ei bersonoliaeth oedd David Morris, ond o hyd yn siriol a chroesawgar tu ôl cownter. Roedd yn hoff iawn o blant, yn eu denu i'r fferyllfa a rhoi iddynt losin o bob math i liniaru annwyd a pheswch. Datblygodd ddiddordeb mewn chwaraeon a chael y fraint o chwarae yn rheng ôl tîm rygbi Arberth. Mynnai drefnu hefyd i bobl y gymdogaeth gael cyfle o hyd i chwarae tennis yng ngerddi'r fferyllfa. Bu'n weithgar gyda'r Hôm Gard adeg y rhyfel a chael ei ddyrchafu'n sarjiant. Bu'n hael ei gefnogaeth i'r cwmni drama lleol a chael ei ddewis yn ddieithriad yn un o'r actorion. Ef hefyd oedd yn cynllunio a pharatoi'r golygfeydd ar y llwyfan. Ond ei brif ddiddordeb yn ei oriau hamdden oedd arlunio, peintio a dylunio deunydd ar gyfer pob math o achlysuron. Mae'n siŵr fod creu darluniau i'w cynnwys yn *Cerddi'r Plant* wedi rhoi boddhad mawr iddo.

(Cyfeithiad Eirwyn George o sylwadau Graham Willey.)